T0062934

UNAM WENA

UNAM WENA

IMIBONGO

MTHUNZIKAZI A. MBUNGWANA

UHLANGA
2021

Ipapashwe okokuqala eThekwini, eMzantsi Afrika

ngabakwa-uHlanga ngonyaka ka2021

UHLANGAPRESS.CO.ZA

Isasazwe ngaphandle koMzantsi Afrika li-African Books Collective

AFRICANBOOKSCOLLECTIVE.COM

ISBN: 978-0-620-92814-4

Ihlalutywe nguSim Matyobeni

Uyilo loqweqwe nokudityaniswa kwencwadi kwenziwe nguNick Mulgrew

Imibhalo esetyenzisweyo nguGaramond Premier Pro 11pt kunye no 15pt

ISALATHISO

I.

II.

III.

IV.

IMIBULELO

Eli linge lam lesibini lokushicilela imibongo lomelezwe bubukho benu. Ndiphiwe amandla amatsha okuvuselela ihambo yam, ndilandela lo mkhondo ndiwuzotyelweyo kunye nesisibane sindikhanyiseleyo. Umsebenzi wokubhala kum, ngowobulolo nokuzibhenca esidlangalaleleni. Ngoko ngaphandle kwenkxaso, uthando, amava nexesha lenu bendiyakuntanta ebumnyameni. Ngokwenjenje ndiyanibulela ngokuba nina nisoloko ninam. Niyabonwa:

Izinyanya zam eziphila ngenyama nangomoya, ooMbathane, Xesibe, Khandanyawana, Dikela, Bhayi, Khetsha kunye nenzala yenzala yenu, enkosi ngokundikhanyisela. Mama wam uNoziphiwo-uMsuthu Mbungwana ukukhula yihambo esisafundisana yona nangoku ngomonde omkhulu. Mncedisi Mbungwana mntakwethu qhubeka uphumle ngoxolo.

Thabisa Mbungwana, khanda- gazi lam, Ayabulela Khenyana, nawe Sechaba "Sech the Legend" Mopai batshana bam. Yonke le mizamo nokutabalaza ndiyenzayo, ndenzela inkululeko engqondweni nasemoyeni.

Mhlekazi USigqo, Gqirhalwazi Hleze Kunju uyimpelesi enomonde ndakuhlaselwa ngumkhuhlane wokuzidela. Amazwi akho enkuthazo, nokukhuthalela kwakho umsebenzi wokuphuhlisa isiXhosa kuhlala kuliyeza kum.

Mwelase omhle kuvukwa, Siphokazi Magadla uthando, uvelwano nesidima obuphethe ngabo ubudlelwane bethu bundinika amandla okulangazelela ingomso.

Kubakhuthazi bam, abasekeli, kunye nabo ndihambisana nabo le ndlela siyikhethelweyo, akumnandanga- kumuncu xa nikude kunam: Gugulethu Blose enkosi chapress ngento yonke, Lungiswa "Phinqi" Nohashe, Keobakile "Mrs P" Pooe, Ntabozuko Vapi,

Njingalwazi Nomalanga Mkhize, Corinne CK Knowles, Asanda Madikizela, Noluxolo Nhlapho kunye nawe Lwanda "lulu" Maqwelane.

Umsebenzi ekusafuneka wenziwe siyawazi: MoAfrika wa Mokgathi, Mqhubi- Baw'Leta Mdliva, Athambile "Gqirha Mamgcina" Masola, Makhosazana Xaba, Ncebakazi Manzi, Gloria Bosman, Ayanda "AB" Billie, Zikhona Miso, Aphelele Musa, Lukhanyo "Gqirha Rhadebe" Makhenyane nawe Zikho Iintombi kwa Dana.

Sim Matyobeni ohlele le ncwadi, nawe Nick Mulgrew ongumpapashi, ndiyabulela ngokukholelwa nokuphupha nam, ukuteketisa ilizwi lam, ukuthanda nokukhuthaza ukukhula koncwadi lwesiXhosa.

Wenziwe umsebenzi. Enkosi kwakhona.

– MTHUNZIKAZI A. MBUNGWANA,
Makhanda, April 2021

KuSiphetho David Mbungwana
ngokuphembelela umbongo ophilileyo

I.

ISIPILI SOKUQALA

Lo mzimba awunyengezeki uyagqezula
lithamsanqa lesiqalekiso
yimbewu ebolileyo

ecaweni waphuncuka
kubaprofeti bewukhupha idimoni

elwandle ndawoxutha kwizigantsontso ezibini
zamadoda ziwuxuba notywala

udadobawo uboleke imali ezalayo
uza kuxhela ibhokhwe
lo mzimba usixheshisa ngobumnyama

ndiziqhelise ukuwushiya ekhaya
xa ndiphumela ngaphandle elizweni

ndoyika amangabangaba antliziyo zikrakra
amilomo imdaka evuza izinkcwe
ezandleni ndifumbathe isikhaxa seenwele
umdlavuza wobulolo undidlakazile.

ITSWELE

Umboniso wokuqala.
Kungecawa mna nomlingane sixongxa isidlo sasemini.

UMlingane: Leliphi inxeba endingakutywinela lona?
Mna: Linye. Linzulu. Lalekelelene.
UMlingane: Lenziwa yintoni?
Mna: Ziziganeko zetswele langecawa.
UMlingane: Ziganeko zini ezo?
Mna: Ndingakubalela:

Esokuqala
Sineminyaka elishumi elinambini
Mna nomhlobo wam uManono
Sakunikela abakhonzi umva siphuma ngesango
Sibambene ngezandla
Sakufika esitalatweni siyaphuzana
Isitalato sombethe ivumba
Letswele eliqhotswayo.

Esesibini
Ecaweni bayala ukuba sicule nabanye abantwana
Kufuneka sihlanjisiswe kuqala
Sinuka itswele elichutywayo
Itswele elikrwada.

Esesithathu
Ekhaya phambi kwesidlo sedinala
Ekhitshini uMama unqunqa itswele
Ugxotha uManono
UManono undifundisa amanyala
Qho ngecawa itswele limtyhaphaza inimba.

Esesine
UTata ubethelele uthando epulpitini
Endlini akathethi uphandlwa litswele
UMfundisi uza kutya nathi
UMama uvasa ivumba letswele ezandleni.

Esesihlanu
UMfundisi ufuna ukwazi
Ndifuna ukuba yintoni xa ndimdala
Ndifuna ukuba livumba letswele eliqhotswayo
Itafile iyandijamela
UMama unuka itswele.

NDICHOLWE NDIFILE

Ukundinyhala umthondo
ukundihlohla iimpuku ekukwini
kuza kundinyanga ndiyagula.

Eli lizwe lichela ukufa
kungenzeka ndicholwe ndifile.

Ndinamanyala
Ndikukubola
Ndililindle
Ndigutyulwe.

IMILEBE YETHU

Bendivuka ekuseni ndiyokuthamba
uyandicela ndilale ecaleni kwakho okomzuzwana
ndifaka iminwe emibini emlonyeni wakho
ndikuphulula ulwimi.

Uyayincanca

Le milebe ingaphakathi kwemilenze yam
iphaphama ebuthongweni ikulangazelela
amehlo akho ayabizela okwequla lokuqubha.

Ndincamathelisa imilebe yam kweyakho
ndinambitha incasa yoyolo lwayizolo
yemilebe yam engezantsi
kwimilebe yakho engentla.

Ichweba lamanzi eliphakathi kwemilenze yam liyanda
undiqutha ngezandla ezifumileyo
undibeke kwingono
yebele lakho elifuvumeleyo
ndiyalenca ndilibale ngengxokolo.

Ngolwimi lwakho uqala entanyeni
ukukhangela indlela eya emfudumalweni
ephakathi kwemilenze.

Isandi sonxano lwethu siyakhula
ungena ndikulindele
amachweba ethu ayachichimala
siyatyibilika -asiwi.

Siyaphakelana- siyaphakulelana- siyaphangelana
yimincili sidlala ujingi
ophantsi ngulo uphezulu
iindlebe zam zifudunyezwa ziindonga
ezisendleleni eya equleni lakho.

Kwihambo yakwamlebese siyalindana
sithoba isantya
uyandisebezela ukuba ungafika nangalo umzuzu
isandi sencindi entubululu siya sisiba nzulu.

Ndime phezu kweqhina lobusi
ndixhathise ngomphefumlo
iinzwane zakho emagxeni zipela uchulumanco.

Siyafikisana
imizimba ibethwe ngumbane
folokohlo sithambile.

UMAMISE / UTOKI

Kwizinja zonke zale lali kukho le inguMamise / UMamise
lintshontsho lembewu yezinja zalo mzi / UMamise
yimbewu kaToki / UToki yinkunzi yenja yalapha ekhaya.

UToki wamithisa zonke iinjakazi zengingqi / UToki uhloma
ashiye / Agqithele kumhlaba ochumileyo / Unehlokondiba
lamantshontsho agcwele yonke le lali.

UToki wawaxhapha onke amaqanda eenkukhu zalapha /
Wabuya enomgada elalini / Iimbongi ezichongelwe isizwe
zambonga uToki / Zimncoma ukukhalipha / UMamise
wabizwa ngenjakazi emabele made kukondla amantshontsho
kaToki / UToki nguGcinumzi / UMlondolozi /
UGcinusapho / UMamise lintshontsho likaToki.

UToki ulala evundwini / UMamise phandle yinja /
UMamise yinjakazi ekhusela yonke le mibundlwana
yashiywa nguToki iqothole / UToki liqhawe eliqhwalelayo
/ Kwakulahleka amaqanda / Kwakulahleka amathambo
esopholo lityala likaMamise / UToki yinja.

IHLWILI

Ndime phezu kweengcinga
ndonwaya umsintsila irhwayibhana
andilalanga kwakhona
uthikoloshe uthwekhe kwasa.

Unopopi onamehlo aluhlaza
oomazinyo atyheli
oonzipho zinde zimnyama
undicundisa ubuchopho.

Ndibile xhopho
ndiphakathi kwamathanga anuka itshemba
iimpuku ezimbini zijulelana ngesihlangu sam.

Ndichuba izilonda ezingapholiyo
ubugqwangu bufunxa umhluzi
wala mathumba asemakhwapheni
ndifuna ukukhwaza
ndihlangule kulo mngxuma wengxingongo
ndivalelekile.

Umqala ugcwele amahlwili
amehlo avalwe bubulembu
ndiyaziqengqa ukusondela ekukhanyeni
ndithembele ngothixo katata ongenadilesi.

Emgceni oya kwamatshonisa, sivezelana amanxeba
siwanyola ngeminwe ukukala ubunzulu
usisa akanamanxeba wophele ngaphakathi
uzinkala ngentloko phantsi
inketshezana yejekhi daniyeli imeqile.

Umalume usivuse ekuzeni kusa
samombelela
uxhentsela eli gubu likhala entloko.

Udadewethu akayanga esikolweni
uchambuza amadyunguza asezandleni
siqhwabe kwasa
ndikhetha ukufa kunokutyiwa ngumshologu.

Uzumba ukhuphe ithenda yokomba iithoyilethi
umalume ulittleman ubuye ephaca emgodini
uthi amagqobhoka ayathanda ukupakisha
ukunya phezu kokunya.

UMANONO

1.

Mna noManono sazalelwa kwifama kaVentere.
UMama wemka neelori ezithutha umbona.
UTamkhulu noMakhulu babesebenza efama.
Bandiphehlelela ngoloyiko.
Bandifundisa ukuginya ilahle libomvu.
Ndikuqhelile ukutya isirhogolo.

UMakhulu wayeqokelela amathambo okwenza isuphu kumkaVentere.
UTamkhulu wayehlwayela intsimi kaVentere.
UManono yintombi endala kaEsther.
UEsther uthengisa ubisi lweenkomo zikaVentere.

UVentere umungunya ubisi lukaManono emabeleni kaEsther.
UManono ufike uEsther ebeleke uVentere.
Ibhulukhwe emfutshane kaVentere iwele emaqatheni.
UManono uncanca emabeleni am.
Andiyikhumbuli incasa yobisi lukamama.

2.

Amazinyo ethu axhaphe imivungulo yenyaniso.

Yaziwa ndim nawe into esayibonayo.

Imilenze kaTatomkhulu kumlomo weteletele kaVentere.

Umlomo kaVentere kubudoda bukaTatomkhulu.

Iintsula zikaVentere ezirhiphilili buboya.

Udano lokuchitheka kobisi lukaEsther.

Ingxelo emfiliba emapoliseni.

Isithunzela esilila iinyembezi zikaMakhulu

Uthikoloshe ondicofa iimpundu.

3.

Xa singalududli olu cango sakutshela apha.
Iinkumbulo zam kuMakhulu ziintsomi.
Andiphuphi ndiyaphila.
Akalibelanga uyadukudelisa.

Ndineqabaza legazi kwilokhwe yam.
Emlindweni uMalume unxilile.
Isidumbu asingenanga emnyango.
Inyaniso ixabe emqáleni kaMakhulu.
Imithandazo yethu ayihambanga.

4.

Sihleli ecaleni kwezithunzi zethu.
Siziqaba ngomsizi ukuze inyala lingaduli.
Siphila ngokuziyoba.
Sigxagxamisa ixesha.
Sizixhome kumnga wesazela.
Siyakrwitsheka.
Sithe ndwanya amehlo.
Asifanga siyathunzela.
Sivingcelwe ngumbilini.
Sityathe amatyala abazali.
Lo umqokozo uyasityabula.

UNAM WENA

ubambelele kwintloko yebhedi
ndingqengqe ngomqolo
ndikhongozele ubuncwane
bobuni bakho ngomlomo
unam wena

ngomlomo wakho uvuma ngogcolodo
kancinci ndikuphulula iimpundu
imingxunya yonke ndiyindwendwela ngokuyikhotha
incwina yethu yingoma yomngqungqo
nobuxavaxava bejazz
hayi isililo sikamombeli
hayi umombelelwa

ndizinze emabeleni akho
uncamathele ebukhweni bam
ndiqhinele iimvakalelo zam
emisipheni eqhangamshele
imithambo yezinqe zethu
ithululela engqondweni
iyokuthi zava entliziyweni

ungumphembeleli wentshisakalelo
usisiphelo esingenambaliso
uyintsholo yemvuselelo
unam wena

iinwele zonke zithe waca
umphunga wolwaneliseko lwethu
ubingelela esibhonweni sakho
usiphehlelela ngamandla amatsha

sikrwecana ngeengono zamabele
simphefumlelana emva kweendlebe
ulonwabo luyaphutshuluka
lwehla ngendledlana
ephakathi kwamaqhekeza eentsula

singxame okwayizolo
sidumbe siyachininika
simanzi
asithontsizi siyagxizisa
sizitenxetenxe
siqhingene
sikhululene
size
sizeeee.

UMOYA WAM UYAPHALALA

Ukusukela la mhla wakhandwa iinzwane ziinyengane zentiyo
ndihleli ndinkxuze oobhontsi emanzini
basoja ngentaba mlilo.

Kwakuthontsiza iinyembezi kwezo ngqanda zigwantye uthando
umoya wam uyaphalala.

Ndiguqe ngamadolo phezu kwenduli yesazela
ndihlafuna izikhohlela ezithwele umnqweno wempindezelo.

Uxole sithandwa
ndahlulekile kwakhona ukukukhusela.

UBHOVA

Sakhula uBhova ehle nelali
kuthiwa waphetshwa sisitulo sobomi
walima ngamazinyo egrabileni.

Wabuya sendizithuma ndiphinde ndiziphuthume
kuthiwa wayengubhospeliti kaMakhulu
ubutyetyana bakhe waburhaburhabula
ngephanyazo baphela.

UBhova liqhina uTata awalilibala kwaMamnci
UNcinci wayedekhoreyitha ngalo uMalume
UMalume wayesebenza ezibhasini
ababekhwela uVaalmaseru bayalazi eli qhina
elaphasalakisa imizi yabo.

UBhova wafika ethuthumba zizivubeko
edumbe etyhofufu eyivatala
samxhumela simvuyela
wasityhizilela kude
ebalekana nokujamelana neentlungu
nesidanga awayetshila ngaso elalini
saguga esemtsha.

AMANXEBA

La mabele ndandisaya kuqamela ngawo
La ngamanxeba esithembiso... sithandwa uyandibona na?

II.

ISIPILI SESIBINI

ndilele phezu kweenyembezi
ibhotile yewayini ifunxwe ziingubo
undifihlelani?

..

sithandazela umlingo
wokugqogqa ubuthulu eluntwini
iintandabuzo ziyasongamela
bobungakanani ubunzulu bothando
obungasikhupha kulo mwonyo?

...

uyakulala ulilolo phantsi komhlaba
uyakuzilelwa ziimpethu
ulinyala elingenagama
intsholongwane engubhubhane
uyakongiwa lugoxo lwamathambo
abantu bafuduka kudala.

....

mna noodade wethu
sohlulwe lucingo olunameva
luzinze phezu komxhelo
awabo amanxeba ayaphululwa
awam ayaxhokonxwa.

.....
ndifika ibhasi yokugqibela seyiphuma
ndimaphikana ithamsanqa lindisondele
ndime phezu kwesicithi ndijonge ikhaya lakho
amehlo am akhapha umkhumbi wakho okokugqibela
amehlo abo ayandixobula.

IINCWADI ZIKAMAMTHILE

1.

Mamthile,

Ukucela uthando nokuthembeka kule mihla
kukunyakathisa umsonto ongqingqwa kwinaliti ecekethekisileyo
iinkxwaleko zezolo ziyishiye ingqondo ibhutyukile.

Ndiza ngesivunguvungu sothando olurhaxayo
ndivulele kancinci
andinazithembiso ezingagcwalisa itroli
ndinothando lokuqinisa uphahla lobudlelwane bethu
intliziyo yakho ayingenqumi kwingqele yobuxoki.

2.

imini yokudibana kwethu yonyulwa ngundikhoyo
iingxondorha zolu hambo zisiqhawule imisipha
asisabetheleli siyagxumeka
andinankolo isisigxina
kuthando oluzinzileyo ndiyakholelwa.

3.

ixesha limkile ndikhulule mlingane
umoya uxinga emiphungeni ndakucinga ngawe
ndomiwe luthando
avuze amehlo.

khawude uze wethu.

uphendule incwadi yam yombane ngeenyawo
izinkcwe zethu zibikelane ihambo
sigudlane ngezifuba siqhuqhana inkwethu yeempoxeko zezolo
ndikuve ukubetha kwentliziyo yakho kutolikwa ngumchachazo
undisebezela unobenani ocubhulayo
singene sihambela phezulu kumhlaba wamaphupha
ndiphaphame ndixhathise ngegxalaba lakho
imilenze yethu iqhinele ubugqi bokunkinkishelana ngothando.

ISITHUNZI

Egumbini leendwendwe
phantsi kwebhedi
kukho ibhokisana eneempahla zam zobusika.

Kule bhokisana kukho umfanekiso wosapho lwam.

UTata ulwimi lwakhe lungekamili ngqambu
engekamginyi ucwaka.

UMama engekoyeli emphandeni.

UBhuti engekemki nomfula
engekabuyeli emhlabeni.

UDadewethu usancumile
amagxa akhe amilele ukutyatha ikhaya
amehlo ayengekadinwa.

Isithunzi sam siyagoqoza
nakulo umfanekiso
andikafiki ekhaya.

IKHAYA

Ikhaya sisonka esibhakwayo
yikhamfara umakhulu ayiphefumlela kwiintanyana zethu
ukutheza amandla omkhuhlane.

Ikhaya sisitupi esipolishwe ngomxube wamakhandlela neparafini.
Ikhaya ngamangcwaba amabini angenamagama entla kwegadi.

Ikhaya yimithi exhawulanayo emva koxande.
Ikhaya ngamaxhegwazana amabini ahlala emva komzi.
Ikhaya ligubu laseziyoni ngasekhohlo komzi.
Ikhaya ngamagqirha axhentsa ekunene komzi.

Ikhaya ngumalume ophephana neembumbulu zasehlathini
ezehla esibhakabhakeni qho kwakuduma imoto.

Ikhaya ngumakazi onqunqelwe abantwana ngoonqalintloko egugulethu.
Ikhaya likhaya.

ISIKHUKHULA

Uphahla luvovele ngaphakathi
imilenze katatomkhulu ayishukumi
akakhali yindoda.

Ikati idlela amantshontsho ayo phantsi kwebhedi
yosulela umgcantsi kwibhatyana yentombazanana
umakhulu ukhupha ilongwe engxoweni
aliqabe amafutha ehagu ukuze lisikhanyisele.

Ithunzi lobumnyama lisongamele
iindonga ziyadilika
imiqolo iphandle
nakwesi sankxwe intombazanana ayithethi nonina
unina akathethi nonina
uyisemkhulu akathethi noninakhulu.

Isikhukhukazi sililisele sayeka
ilanga libalele
umhlaba yinkqantosi
asikwazi nokutyala ibhatata.

IXHEGWAZANA

Ixhegwazana lisemva kocango lobomi bam
liphethe intshontsho ledada elimhlophe.

Lihleli ndawonye
lombethe ingxowa.

Ubuso buqatywe udongwe olumnyama
amehlo akude.

Impazamo yam iphantse yazala isidumbu
amehlo alo ayisalufa ukuphehluzela.

Lindifulathele
lixhome amehlo alo edongeni.

Ixhegwazana alifani namntu ndimaziyo
namhla sikhapha utata.

Ligone ibhokisi
umzimba awusenantliziyo ibethayo.

Ligqume ubuso ngezandla
likhutywa amatyeli amaninzi.

Lintula umphefumlo okrobokileyo
izandla zalo sisikhondo somthi owomileyo.

Liphile iminyaka eliwaka
ndivuka lilele ezinyaweni zam.

Litshonile ilanga
lichiphi-chiphiza igazi ngamehlo.

Umoya katata uqhweshile
Ixhegwazana linyamalele neemfanta zomgubasi.

UMQOLOMBA

Ndilikhaya leengxwelerha
zakuchacha ziyagcagca.

Ndilingcwaba leemfihlo
zakudula ndiyatshutshiswa.

Ndiyinto yonke kubo
ungantweni kum.

Ndingumgxobhozo weenyembezi
ezotshele emaqatheni.

Ndiluhlaza olubunileyo
umhlanguli obhadulayo.

Ulwimi lwam luyandicalucalula
imbali iyandikhanyela.

Inkolo iyandibandlulula
izilo ezinengcwangu ziyandiqwenga.

Andinagama ndingusisi-bhuti
ongemntu.

ISINGQALA

*

Kugqabhuka isikhalo embindini wendlela
umtha wedolo uxhwale
ndime phezu kwalo uphefumlela lo uzelwe efile
ndizibhenca izigxala esidlangalaleni

Ubulolo buyatyhoboza
ndizibhaqa ndilawula amaphupha phezu kwamangcwaba
ezinyanya zeminye imizi
ingqondo yam ithe nzwii lucwangco
oluxhonxosholo losapho lwam

* *

Undifundise ukubhodlisa isingqala hayi ukuthintela unobangela
siqatsele okwesabhongo somvubo phezu kwesisu senyama yehagu
litshona ilanga ndibile thintsi intliziyo ndiyiphethe ngezandla

Ndixhomekeke kwibhetyebhetye lentliziyo
nakumphephuka wengqondo ukundithethelela
uxolo luphelele emazinyweni njengesibindi sentaka

* * *

Ndiboniswa amaxhegwazana amabini etshiswa ngepetula
izantyalantyala zamantyontyelo
zishiya ngasemva kububutyityaba
asingombhodamo yintiyo
mabafe ngamagqwirha
tshisa loo manyala okuthandana
ukunyandana kokunya

KUYATSHA

Inkosikazi ihleli phambi kwendlu evuthayo
ihlohla iintsimbi
ndingulo mfazi ukhwazayo
phakathi kule ndlu itshayo
ndiyintombazanana ebhakela oonopopi bayo udaka.

Isithunzi somfazi nesentombazanana ziyagilana
ngaphaya komfula inkosikazi ichophe phezu kwelitye
ixomezelela amarhonya
umfazi ujula intombazanana ngefestile yendlu evuthayo
inkosikazi ngaphaya komlambo imolulela iingalo.

Intombazanana iwela emanzini
inkosikazi imkhongozela ngomhlana
ngaphaya kwentaba ingcwaba lomfazi ligcwele amanzi
inkosikazi ibeleke intombazanana
ibhala umlomo wengcwaba ngomsizi
"Lo ulele apha akatshanga, lo ndimbelekileyo wafayo"

Indlu iyanetha. Iingubo zimanzi. Ubuthongo buyala.

Intombazana ityibilikele eludakeni yophuka umlenze
umfazi ulele phezu komgabho
amaphela amfimfitha utywala
isijwili siqhashumba phantsi kwelitye
inkosikazi iduke nomoya.

III.

UNONGAYINDODA

UNongayindoda akamntu
  Yinto!
  Akayontombi, engengomfazi, engeyondoda
  NguNongayindoda.

UNongayindoda akazalwanga enje uyazenzisa:
  Ukhethe ukuba:
  Yipotapota yokungciba oophayiphu bokuthutha ilindle
  Umsonto oxokonyezelelweyo wokuthunga amadlavu
  Irhonya elincangathi kukosula imigangatho.

UNongayindoda ebuhlanti akangeni akayondoda:
  Makasihlambe isidumbu sikayise
  Makayithenge inkomo yokubuyisa uyise
  Makamoluse umnakwabo nabatshana
  Akayondoda.

UNongayindoda eziko ebafazini akanasikhundla:
  akendanga akanamntwana
  akanandoda imthembise ngelobola
  akanagoqo angaqhayisa ngalo
  akanabhakipoti angabolekisa ngayo
  akanazo neepleyiti angancedisa ngazo.

UNongayindoda emsebenzini makangene ebusuku:
  makathuthe ezi bhokisi zisindayo
  makavale amazibuko agqojozwa ngoomantshingilane
  makavule ifolo ngamazinyo
  unamandla yinkabi yenkomo engazaliyo
  lidlolo.

UNongayindoda ekukhuleni:
  babemteketisa ngelikanonkwenkwana
  bemqhitsa namathole
  bemntlonta nangeentonga
  ngoku ngunongayingayi
  into engento
  into ezenza indoda.

UNongayindoda akamntu
  Yinto!

UNDIBHIDILE

Iqala ngentsimbi yeshumi ngokuhlwa inkenkqe ukundizungeza
ndilale ndixhuma
kubethe intsimbi yesibini ndigoloza e-tavern
uBhuti uthi ukusimelela ngotywala kudiza ubunzulu benxeba

Ngentsimbi yesithathu iintlungu ziyenyukela
ndikukhumbule ukuphuncuka kukaTata ezandleni zam
uAndiswa yintombi endisafuna ukuyibikela nangoku ukuba
    ndisayithanda
nakweli ityeli lesihlanu sisabhala sicima

UMgqibelo lusuku lwesithandathu ngokwesichazi manani
lolwesixhenxe kumakholwa kaSigxabhayi
ngendipheka ukuba bendinendawo endiyibiza ikhaya
namhlanje siza kusophola ngerhewu
le ntshwaqane indikhokhelela kwibhotile yesibhozo
umqhele ukude leee
mandihlale phakathi nendawo   lo mqela ufika ngentsimbi yethoba
ungaboni ukuba ndilele apha

                    hamba uyokulala wena ndifuna ukutshayela apha
                    Mama ndiza kushiywa lixesha lesikolo.
Vuka
            hayi *maan*   sukundidyobha ngomhluzi
ndisendleleni eya ecaweni
            amakholwa akazithandi izitshele

Kuphele nalo nketshezana   umqala ngumqwebedu
akukho bantu   akuculi neentaka
umphefumlo   usesigangeni
inyanga iselwe   ilanga litshivela

                    kude kwabetha intsimbi yeshumi uhleli apha
iphuma ngaphi indlela eya kwantliziyondise?

                         baleka uyokubiza uMama kuqala
zihlabene

amanzi ayekade edama apha afile
                    uhlaza lutshaziwe
                    baxheshisa esezixheliwe

                    hambani apha
                         ningxolela iintsana zam
Uxolo
Uthini
Ubani
Uyaphi
                         gxotha le nja ikhonkothayo

Masiqale ekuqaleni undibhidile
Uthi kokwesine undixelela   Ukuba
          iqala ngentsimbi yeshumi ngokuhlwa inkenkqe

ukukuzungeza?

AMAQANDA AYABOLA

umakhulu wemka ilanga libalele
isilumiso sikralile
ingqaka iqhekeza iselwa
sisela sibindeka
intloya isarha imiqala emide
imiphefumlo ixhanxile
intsika iseyela
uphahla lwee thaxa
ixande lahluka kubini
zankcenkceshela iinyembezi.

ISANKXWE

ndingcuthwe zizangcethe
amazembe omlomo andigqathule uqhoqhoqho
ndibangula ingqondo isazela
iziporho zezolo ziyandiyilozisa.

embindini wedolophu ilanga liqhotsa amaqanda
ilokhwe yakhe ithinjwe ngamakhalane
iimpundu zixwantsukile
amabele ayaqhuqhumba
ndithethe ndithini.

I.

ngemini yecawa kwisiporo sikaloliwe
iimpukane zirhangqe isidumbu esishushu
andifuni ukubuyela ekhaya
akwaba nesam isidumbu besele simuncwa ziimpukane.

II.

sithandwa sam sidlale umdlalo onobungozi
sirhintyelene ngetyathanga lesazela
sikrwitsheke sade safa isiqaqa
izidumbu zethu zidlalisana undize
umoya uyantanta
ndize
ndize.

III.

mntu wam
umsindo wakho uyalakatyula
unwenwa njengomlilo wethafa ubhudlwa ngumoya
uyaqukuqela njengedangatya
izinza zam zirhawukile.

INDLELA EZA KUWE

Ndiyawazi umnombo wechiza lam
Ndiyawazi amagubu adambisa izibilini
Ndiyawazi umthombo welitha elingatyhafiyo
Ndiyawazi amaxhanti afukame inkaba yam.

Ekhaya ndimhlaba mnye nesisekelo
esibeleke uphahla lwembali yam
ndizibika esangweni
ndinqule eziko
undikhaphe ukuwelela ekukhanyeni.

UBUDE BENDLELA

yonke imigudu yokukugulula kumathumbu omhlaba igogekile
ndiyalunguza
umxhelo lilolo
nasemaphupheni ndiyaphunguza.

intliziyo ixinge engxingweni
ngowutshilo xa uza kuvuka uhambe.

IYABHADULA

1 – UKUKHALA KWEENKUKHU

qho ekuzeni kusa umama uyafa
imini ibhace
ubulolo buzakhele ixhobongwana engqondweni
ndifumane ikhaya kwabo bandibona njengokhuko
umahambehlala wokulala imilwelwe.

2 – UKUTHUNGULULA KWEEMIBUNDLWANA

Isithunzela esitshele egumbini lam
sinxibe iinyawo zam
azitshanga zidumbile
ndibhodla inyama etshileyo.

3 – UKUQANDUSELA KWEMINI

ndiwasele onke amayeza okubhodla isingqala
umqala uyaqhankqalaza
isitshisa asindiniki siqabu
isizaphuzaphu siyalephuza
amanwele axhwarhe phantsi kolwimi
ubusuku kum sisilonda esingaphakathi.

sithandwa ndibambe ubudlelwane bethu ngamazinyo
iinzipho ziphuncukile
kukuxhathisa kwintliziyo yegrabile
ndibeleke isidumbu sethemba
emagxeni
ndityathe unogumbe wothando lwakho
oluthandelwe ngameva
eentandabuzo nemiqathango.

5 – UKUQATSELA KOMVANDEDWA

bemkile
    iimbiza zisuza amafutha
        iimpukane zidengile
            izinja ziyakrecula
umama ulinganisa inzila.
    amadoda omzi athoba unxano
        udadewethu utshukulwa sisisu
            ithumba alikabekelwa.

ISILONDA

bendingakulinda kodwa
le intliziyo inemingxunya
nengqondo ayisatshameki.

yizani nekhandlela necephe elingquthu
mtshiseni kuqhashumb' inyebethu
kubhange ubuciko
ubuni bakhe
yishi elishwangusha.

AMEVA

ndogquma ubuze bukaMama
UMama wogquma ubuze bukaMakhulu
bandithwesa ubugqi bokuchopha phezu kwameva angcuthayo
uMakhulu akophi naye wafundiswa nguMakhulu kaMakhulu
UTata usenkcochoyini
uxhathise ngebhayibhile
UTamkhulu zange abekho
naleyo ayithethwa.

ASITHETHI

ikhwezi lizinyakathisa phakathi kweekhethinisi
lindixhokonkxa amehlo
sivingcele imiphefumlo.

isikhewu esiphakathi kwethu
ngumcinga kamatshisi
kuphuncuka umbhodlo
la manqina asefrijini uwatyile
silele singathethi
kwakhona.

INKOMFA YENTANDABUZO

Uyakufuna?
asithethi ngaloo nto

Uyawathanda amadoda?
utata yindoda... gxebe waye–

Andithethi loo nto!
nam... a... andithethi loo nto

Thetha!
ndi... thini? ...asiyiyo le rhali ndithunga ngayo

Bayayazi kowenu?
...intoni?

Le nto bayaziyo bangafuni ukuyazi!
asithethi ngayo

Kuthiwa ngubani?
ubani?

Lo ubaselana naye umlilo! Ndiwubona apha emehlweni akho!
...asithethi–
...asi ...asithethi ngaye!

BHOSPELITI WAM

Ndilutyala kuwe lonke uthando lwam
bhospeliti undiqhobosha uvalo
undithunga umoya
iphaphu seliphakuzela
umzimba wam sele uwaxaziwe
ndishokoxekile
ndiphephana nezagweba zolunya
begqathu-gqathula iingcambu zobume bam
wena uyandiqokelela
undifumbathe ndingaphasalaki.

KUJAVUJAVU

Intsini igqabhuka kwingodlo edlakadlaka
isifuba sibhutyulwe bububofu

Umnqonqo ubunile
umongo wesazela
wafunxwa yiminyiki

Asingekuwaxazeli kwivundu leehagu
amanzi omlambo aya kukufunqula
yehla kulo nduli yempoxeko
yize ekhaya

Siyakubona uyavuzisa
isidima sibhilwabhilwa ziimpethu
singakuqhusheka phi ke mntanomntu

ISINYANYA ESINENYANI

Sidinga isinyanya esinenyani
amathontsi ethemba   atshone kulo mhlaba unxaniweyo.

Ndicela ungandishiyi apha   ayekile amadolo.

Ndithinjwe yijele yovalo   ndibhukuleka ngesisu ukuza kuwe.
imfumba yothuli indingcwabe amehlo   ndisisithulu naseluthandweni.

UKUZIHLUBA

ndicukuceza uthando lwam
                    nawe
ndizitye zonke iinzipho zam
                    ndiyopha
iimbande zitsitsa umongo otyheli
ithemba elityufutyufu lindiqhine ulwimi
umzimba ufuna ukuwelela ngaphaya kwentaba
intliziyo ilumkele ukugcadeka phezu kwamalahle
                            adlobayo.

UVULA ZIBHUQE

amanxeba akho asijongisa ngelali
funda ukuchopha phezu kwamalahle
awubongi
udiza amahlebo
Feba! Nxila! Thakatha! Fuduka! Fukamela inyaniso!

eli bhodlo ayilokhaya
lizinyo liqaqamba
lilanga lidakumbile
likhwapha litsarha
ndixhwarhe apha
okomzuzwana
isitshi side sigqithe
iinduma zirhwaqe

indlela eza kuwe inamatshungu
ndibangule kwasa
kwavalwa nomkhusane

le ndlu ime phezu kwamagxa am
ndikhubeke ndawa
kwakroboka iifestile

. . . . .

vuka sithandwa
musa ukuphefumla ngenxeba
xa ungoyiswa kukufa
sonke isizwe
sabathanda uthando
olungaxuthi matakane koonina
sakuphunza

. . . . . .

phezu kwenduli yomhlaba wengcwaba
ndiqhitse isicithi sindolule intamo
ingcwaba lihamte
ecaleni kwebhokisi
inyama ebolileyo
ibhuzwa ziimpukane
umoya wam uphothene

. . . .

ivumba lakho lobuxoki
lindikruna umphefumlo
intliziyo ishiyeke ingumqwebedu
thando undigruzule
kwakhona

. . . .

ikhandlela liyaqhothoza
ukuqhawuqhawula ubumnyama
singqubana ngamadolo
kwitoti yegumbi lesibhedlele
sijamele umatshini wokuphefumla
ibhayibhilana esecaleni kwetafilana
enamayeza ayivulwanga
ndibuza kumama
ikhandlela lilayitwa nini
xa sihleli ebumnyameni
okanye
xa sivalele ukukhanya
umama ucela ndimboleke isikhafu
uyagodola

. . . .

ilanga liginywa yintaba
amanesi atshintshiselana ngothaphawe
impilo katata ibotshwe ngentambo yesigcawu
idriphu ibile imanzi
ibasela umphefumlo
uphaphama nombuzo
ungumntakabani

ndindwanye ebumnyameni
isibane sindibhenca uloyiko
udushe luyaqhankqalaza engqondweni
kuza kusa kuyimini yepasika
umfutho wothando undimpompile
igazi liyabila
impahla yecawa yomlingane ijinga emnyango
ndinovalo lokubhebhethwa esangweni

IV.

IHAMBO

1.

Ndichophe emthini
umlambo uyangqumshela
isitshi esigqugqisayo sigqithile
inyanga ityhila ubuze bomhlaba
ndikhangela iinyawo zokugoduka.

Ndibiwe bubuthongo
ndiphetshwe ngumthi
ndineentsuku ndikhasa ngamadolo
ndikhangela ikhaya
ndilele kwiindawo ezininzi
nditsho nakwisizalo sikamama.

Ndizigqume intloko
ndivalela umoya ofufayo
ndityiwa zizihlangu
umbilini undixoze izithende
ndinxanelwe ukuya ekhaya
iinyawo zam zixabe emnyango
ndiyathunakala.

2.

Ezi zilonda zaqala zingamaqhakuva
ndinothotho lwamadyunguza
ndinamathumba anobubofu
ndakunyangwa ekhaya.

Andikwazi ukulala apha
ndifuna ikhaya lam
isinqe sithe gabhu emanzini
ndakuvala amehlo ndibona idangatya lomlilo
lilakatyula kumqolo womfazi obeleke umqulu busana.

Ndakusondela uvutha wonke
umlilo uyandigqwagqwa
ndiyatsha-ndiyakhwaza
ilizwi libizelwa lidangatya
izihlwele zakhe umkhanyo
umfazi ubeleke imbombozi.

3

Ikhaya lam liziintuthu
umkhosi weembovane unxibe iinyawo zam
ziyandileqa
zindigqatsa ngesabhokhwe
lifele lenyamazana
sisabhokhwe
izulu liyagqekreza
imibane iyalenyeza.

Ndibaleka ngezijungqu zemilenze
andifikeleli emthini
umfazi utshile
imbombozi igqabhukile
nditsarhwa liphunga legazi.

4.

Ndilele phezu kweshiti elimhlophe
izandla zam zigcwele umsizi
bubulongwe benkomo
kunuka inyama yomntu otshayo
litayara
yirhuluwa.
yinyama yomntu
ndiyifukame emathatheni.

5.

Ndime phezu komlambo
ndihlamba ubude bendlela
ndivungula inyama ebolileyo
ndikrecula umgabho ndiphinde ndiwubuyisele
imilambo engcolileyo iyabizela.

iqabaka ifumbile
asiyoqabaka likhephu
amanzi ngumkhenkce
ndithatha ixolo lomthi ndilikhuhle elityeni
ndiqabe imbola ebomvu
iinwele zam zimke nomlambo
intlonze ithe nca ebuchotsheni
ufokotho luthe vongqo.

Iinyawo zipanekile
ndingxamele ukugoduka
ilanga liyaqandusela
ndichwechwa phezu kwamalahle
ndiyatsha.

Umlambo ugcwele ooxam
batsicela igazi emanzini
ndifuna ikhaya
ndiziphosa emlanjeni
oononkala bandingqongile
bombelela ngaphakathi
imisipha iyatsaleka
ndimbatshile
ndinomjika-ntamo
ikhaya lam
likhanya phezu kwentaba.

Ndiyakhwaza
ndiyarhaxwa
ndisenzulwini
nditshela ngesikhondo somthi.

Phantsi kwesikhondo somthi
usana lusongelwe ngofele lwenyamazana engqoqo
ixhego litsiba embizeni eseziko
lindibutha phantsi
lindixwaye emagxeni.

6.

Amanzi ehla ngomsele anamandla
kusiphuka ingcambu yomthi
ndindodwa kwakhona emanzini
ndintanta phezu kwamanzi
ingubo emhlophe indithwele
inkungu ivalile
andiliboni ikhaya.

7.

Umlambo undityekezile
ndingamathambo ahleli ecaleni kwenyama
eqwengwa zizinja ndijongile.

Umoya ukhangela ikhaya
ingoma ayindiphilisi
isingqi sindibhudile.

8.

Ukhokho kakhokho katata
undiboleke iinyawo zakhe
ziyagoqoza
ukulangazelela ikhaya
kukufuya uthuli
kukuhleka nesithunzi sakho.

9.

Ezi ndonga azibalisi mabali
ikhaya lisemangcwabeni
umoya lihobo
ndigqwetha ubunzulu bengqondo
ndilawula amaphupha ebumnyameni
ndigrumbela iinyembezi.

10.

Bendinga ndingagoduka
ndihlubule inyaniso ngelanga
ndiphendule imibuzo engabuzwayo
ndiqhawule ingqambu kulwimi oluthintithayo.

11.

Umakhulu kamama wayeliwele
elinye laqhuzuka
laqhinela isitshixo sendlela esinqeni salo
waqushwa naso
siyabhadula.

Umoya uyagungqa
sisimelele ngethemba eligcinwe ngoosiyazi
indlela eya phambili ilitshungu
ndibangule
ndiyachabasa
ukufa uzama kukuphila.

12.

Umama waphuncukwa ngabantwana
izihlandlo zantathu
phambi kokuba ndize ekhaya
ikhaya ngumfula weenyembezi
ngumqulu ongqingqisholo
siwubekele ukuwufunda kusasa
ukuzama kukuzigabangxa.

13.

Amaphupha ayaphakuzelisa
abangazange babuye abalahlekanga
asithethi ngabo.

Izilonda ezidala sizitshisa ngokrakrayo
sakugqiba sisele amafutha ehagu
sibhodla oohili ilanga lihlabile.

14.

Isingqala yinkenkqe
sixhela ibhokwe
sisele umqombothi
nebhranti
sinxile
silile
sigeze
silandane.

15.

Ikhaya linxeba elitsha
yincoko evuza emilebeni kamalume
umalume yindlalifa eyindlamanzi
ungamniki ndlebe
utywala abuyinkcenkcesheli ingqondo.

16.

Ikhaya lithumba elithuthumbayo
ukulibekela kukuzikhubaza
ukutshiswa ngumphunga wamanzi abilayo
kufana nokubhadla kwidike lomlilo
ukugula kancinci uza kufa kukufa
ukufa uphila kukugula
ikhaya lunxano olungenasiqabu.

uHlanga

POETRY FOR THE PEOPLE

— RECENT RELEASES —

Ilifa by Athambile Masola

Still Further: New Poems, 2000–2020 by C.J. Driver

Jesus Thesis and Other Critical Fabulations by Kopano Maroga

An Illuminated Darkness by Jacques Coetzee

Rumblin' by Sihle Ntuli

Malibongwe: Poems from the Struggle by ANC Women edited by Sono Molefe

— RECENT AWARD-WINNING TITLES —

Everything is a Deathly Flower by Maneo Mohale
WINNER OF THE 2020 GLENNA LUSCHEI PRIZE FOR AFRICAN POETRY
FINALIST FOR THE 2020 INGRID JONKER PRIZE

All the Places by Musawenkosi Khanyile
WINNER OF THE 2020 SOUTH AFRICAN LITERARY AWARD FOR POETRY
FINALIST FOR THE 2020 INGRID JONKER PRIZE

Zikr by Saaleha Idrees Bamjee
WINNER OF THE 2020 INGRID JONKER PRIZE

AVAILABLE FROM GOOD BOOKSTORES IN SOUTH AFRICA & NAMIBIA
& FROM THE AFRICAN BOOKS COLLECTIVE ELSEWHERE

UHLANGAPRESS.CO.ZA

Printed in the United States
by Baker & Taylor Publisher Services